Commentaire

Par Patrick Olivero

Somme théologique

Est-il permis de voler en cas de nécessité ?

Thomas d'Aquin

lePetitPhilosophe.fr

THOMAS D'AQUIN

- **Né en 1225 à Roccasecca (Latium)**
- **Décédé en 1274 à Fossanova**
- **Quelques-unes de ses œuvres :**
  - *Somme contre les gentils* (1258-1264)
  - *Somme théologique* (1266-1273)
  - Nombreux commentaires des Écritures et d'Aristote

Thomas d'Aquin, canonisé en 1323, est considéré par l'Église catholique occidentale comme l'un de ses principaux penseurs. Il a développé une philosophie réaliste, fortement inspirée par Aristote, et a tenté une **synthèse entre la pensée aristotélicienne et le christianisme**. Ainsi, les dimensions profane et théologique de son œuvre sont étroitement imbriquées.

Par ailleurs, il s'est beaucoup **engagé dans la société du XIIIe siècle** : pleinement dévoué à l'enseignement scolastique, il a en effet joué un rôle majeur dans le développement des universités et s'est montré très actif dans les polémiques qui agitaient les milieux universitaires et religieux de l'époque. Il a laissé une **œuvre abondante** dont une partie seulement est accessible en français. Son ouvrage le plus célèbre est la ***Somme théologique*** (1266-1273).

LA *SOMME THÉOLOGIQUE*

UNE ŒUVRE SCOLASTIQUE MONUMENTALE

On parle souvent de l'ensemble de l'œuvre de Thomas d'Aquin comme d'une « cathédrale gothique » par son ampleur, sa cohérence, sa robustesse et sa pérennité. La *Somme théologique*, **rédigée entre 1266 et 1273**, est indéniablement l'un des principaux piliers de cette cathédrale : l'auteur a eu l'ambition de rassembler dans un ouvrage monumental – faisant environ le triple du volume de la Bible, soit environ deux-millions de mots – **tout ce qui concerne la religion chrétienne** « de la façon la plus convenable à la formation des débutants ».

MISE EN CONTEXTE

CONTEXTE HISTORIQUE ET RELIGIEUX

Au XIIIᵉ siècle, **l'Église catholique** rencontre plusieurs **difficultés** :

- conflit avec l'islam en Orient et en Espagne ;
- lutte contre les hérésies, en particulier contre l'hérésie cathare ;
- querelles et controverses internes à l'Église, en particulier entre les ordres mendiants, les clercs séculiers (qui n'appartiennent par définition à aucun ordre religieux) et les clercs réguliers ;
- conflit entre la papauté et l'empereur Frédéric II (1194-1250), qui conteste la suprématie du pouvoir spirituel sur le pouvoir temporel.

Dans ce contexte, l'Église catholique éprouve la **nécessité de réaffirmer les fondements du dogme chrétien et de les consolider sous une autorité doctorale forte**. Thomas d'Aquin, âgé de plus de quarante ans au moment où il débute la rédaction de la *Somme théologique*, possède indéniablement l'autorité morale nécessaire pour s'atteler à cette tâche d'envergure.

UNE SYNTHÈSE ENTRE ARISTOTE ET LE CHRISTIANISME

Thomas d'Aquin tente **une synthèse entre la pensée d'Aristote** (384-322 av. J.-C.) **et le christianisme**. À ce titre, les aspects théologiques et philosophiques de son œuvre sont étroitement imbriqués. Les principaux apports du philosophe sont :

- une refondation de la théologie : il a établi une **théologie naturelle** admettant la possibilité de voir dans la nature, et dans ses diverses représentations accessibles aux sens, des signes qui témoignent d'un ordre du monde voulu par son créateur ;
- une philosophie réaliste, puisqu'il est le représentant le plus significatif du **réalisme philosophique** au Moyen Âge : une réalité extérieure existe, indépendamment de la perception que peut en avoir un observateur et du mode de connaissance que l'on en a ;
- une ontologie (étude de l'être) complexe et originale basée sur le **concept d'analogie**, qui signifie que chaque objet possède en lui à la fois un mode d'être qui lui est propre et une participation au mode d'être de Dieu ;
- une morale fondée sur la **liberté de l'homme** dont les actes relèvent d'une délibération de la raison, laquelle permet un choix mis en œuvre par la volonté ;
- une réflexion sur les lois qui distingue **la loi éternelle** (ou loi divine), **la loi naturelle** et **les lois humaines**.

Nous reviendrons plus précisément sur ces notions par la suite.

LE PROJET DE LA *SOMME THÉOLOGIQUE*

Dans le prologue de la *Somme théologique*, Thomas d'Aquin précise son projet comme suit :

> Nous avons observé en effet que, dans l'emploi des écrits
> des différents auteurs, les novices en cette matière sont fort
> empêchés, soit par la multiplication des questions inutiles,
> des articles et des preuves ; soit parce que ce qu'il leur
> convient d'apprendre n'est pas traité selon l'ordre même de
> la discipline [...] ; soit enfin que la répétition fréquente des
> mêmes choses engendre dans l'esprit des auditeurs lassitude
> et confusion. Désirant éviter ces inconvénients et d'autres
> semblables, nous tenterons, confiants dans le secours divin,
> de présenter la doctrine sacrée brièvement et clairement,
> autant que la matière le permettra.

Il s'agit donc d'**une œuvre à visée pédagogique**. Toutefois, par son ampleur, l'ouvrage dépasse très largement cet objectif préalable. Il ne s'agit pas uniquement d'un manuel de théologie, mais d'une œuvre philosophique profondément murie, **fruit d'une vie entière de réflexion**.

L'ouvrage se subdivise en **trois parties**, qui traitent respectivement de Dieu, de la morale et du Christ. La deuxième partie comporte deux sections portant d'une part sur la morale générale (les actes humains considérés comme un mouvement vers Dieu), d'autre part sur la morale particulière (les actes humains dans leur particularité réelle, avec leurs faiblesses et leurs passions).

Chaque partie ou section est généralement organisée en questions et articles. Le mot « question » doit être compris au sens de thème ou problème (par exemple : « Le vol et la rapine »). L'article, par contre, constitue une véritable interrogation (par exemple : « Est-il permis de voler en cas de nécessité ? »), et présente, selon un **schéma scolastique** bien codifié :

- les objections ;
- la réponse qu'y donne l'auteur ;
- la solution, c'est-à-dire l'exposé des raisons pour lesquelles les objections ne sont pas (ou ne sont que partiellement) fondées.

SITUATION DE L'EXTRAIT ÉTUDIÉ

L'extrait commenté ci-dessous est tiré de la **seconde section de la partie 2** de la *Somme théologique*. Plus précisément, il fait partie de la question 66 (« Le vol et la rapine ») et constitue la réponse à l'article 7 : **« Est-il permis de voler en cas de nécessité ? »**

La deuxième section de la partie 2 est consacrée, comme mentionné plus haut, à **la morale particulière**, autrement dit à l'étude des actes humains. À partir de la question 57, Thomas d'Aquin analyse l'ensemble des questions relatives à la justice et introduit une distinction entre la justice commutative, qui règle les échanges entre personnes physiques ou morales, et la justice distributive qui est chargée, au sein de la société, du partage des avantages et des charges. Traitant de la justice commutative, Thomas d'Aquin aborde l'homicide et les autres types de violence physique (questions 64 et 65) et en vient maintenant à la question du vol.

TEXTE

EST-IL PERMIS DE VOLER EN CAS DE NÉCESSITÉ ?

Ce qui est de droit humain ne saurait déroger au droit naturel ou au droit divin. Or, selon l'ordre naturel établi par la providence divine, les êtres inférieurs sont destinés à subvenir aux nécessités de l'homme. C'est pourquoi leur division et leur appropriation, œuvre du droit humain, n'empêchent pas de s'en servir pour subvenir aux nécessités de l'homme. Voilà pourquoi les biens que certains possèdent en surabondance sont dus, de droit naturel, à l'alimentation des pauvres ; ce qui fait dire à Saint Ambroise[1], et ses paroles sont reproduites dans les Décrets : « C'est le pain des affamés que tu détiens ; c'est le vêtement de ceux qui sont nus que tu renfermes ; ton argent, c'est le rachat et la délivrance des miséreux, et tu l'enfouis dans la terre ».

Toutefois, comme il y a beaucoup de miséreux et qu'une fortune privée ne peut venir au secours de tous, c'est à l'initiative de chacun qu'est laissé le soin de disposer de ses biens de manière à venir au secours des pauvres. Si cependant la nécessité est tellement urgente et évidente que manifestement il faille secourir ce besoin pressant avec les biens que l'on rencontre – par exemple lorsqu'un péril

---

1. Ambroise de Milan (environ 340-397), docteur de l'Église, est un des Pères de l'Église d'Occident. Il sera évêque de Milan de 374 à 397. C'est auprès de lui que Augustin d'Hippone (saint Augustin) se convertira au christianisme.

menace une personne et qu'on ne peut autrement la sauver –, alors quelqu'un peut licitement subvenir à sa propre nécessité avec le bien d'autrui, repris ouvertement ou en secret. Il n'y a là ni vol ni rapine à proprement parler.

D'AQUIN (Thomas), *Somme théologique*, traduction d'Aimon-Marie Roguet, Paris, Éditions du Cerf, 1985, tome 3, p. 442-443.

EXPLICATION ET ANALYSE DU TEXTE

SCHÉMA GÉNÉRAL DE L'ARGUMENTATION

La question posée par l'article 7 est la suivante : **« Est-il permis de voler en cas de nécessité ? »**. La réponse de Thomas d'Aquin est organisée comme suit :

- la division et l'appropriation des biens résultent du droit humain ;
- s'il existe des situations qui contredisent ces lois et relèvent du droit naturel, le droit humain ne peut se prémunir d'une quelconque primauté ;
- il existe des situations d'extrême nécessité qui justifient le vol, au nom du droit naturel à la conservation de l'être ;
- dans de telles situations, l'appropriation de biens appartenant à autrui ne constitue donc ni un vol ni une rapine.

VOL ET RAPINE

Sous la plume de Thomas d'Aquin, **les termes « vol » et « rapine »** ont des **sens voisins, mais différents**, bien que tous deux qualifient l'acte d'usurpation du bien d'autrui. La différence tient à la situation de la victime du délit : il y a vol si l'acte est commis à son insu, dans le secret ; il y a rapine lorsque son bien lui est ravi par la violence.

Du point de vue des religions monothéistes, le vol et la rapine sont **des actes qui doivent être condamnés et sanctionnés** : juifs et chrétiens s'appuient, en particulier, sur le commandement donné à Moïse sur le mont Sinaï (« Tu ne déroberas pas », Exode 20, verset 15) et sur les sanctions précisées au chapitre 22 (Exode 22, versets 1-4). Pour les musulmans, le vol est considéré comme un des péchés majeurs et la sanction est indiquée dans la cinquième sourate, verset 38.

Sur ce thème, et à l'exception très remarquable de l'article 7 commenté ici, la position de Thomas d'Aquin est en stricte conformité avec les textes sacrés et le droit positif, comme le montre le résumé de la **réponse aux articles de la question 66** :

- article 1, « La possession de biens naturels est-elle naturelle à l'homme ? » : oui, car ces biens sont faits pour lui. Ils ont été créés par Dieu pour être utiles à l'homme ;
- article 2, « Est-il licite de posséder en propre un de ces biens ? » : oui, car la propriété n'est pas contraire au droit naturel. Elle permet une meilleure gestion des ressources. Elle s'ajoute au droit naturel par des dispositions du droit positif (les lois humaines) ;
- article 3, « Le vol consiste-t-il à prendre secrètement le bien d'autrui ? » : oui, le vol est une usurpation de biens possédés par d'autres personnes, et le secret n'est pas une circonstance atténuante ;
- article 4, « La rapine est-elle un péché spécifiquement distinct du vol ? » : oui, car les deux actes sont d'espèce différente. Dans le cas de la rapine la victime est dépossédée de son bien par la violence ; dans le vol, elle l'est dans l'ignorance du délit effectué à son préjudice (le vol est effectué en secret) ;
- article 5, « Tout vol est-il un péché ? » : oui, d'une part le

vol s'oppose à la justice « qui rend à chacun ce qui lui est dû » ; d'autre part il est toujours entaché de tromperie ou de fraude ;

- article 6, « Le vol est-il péché mortel ? » : oui, car sa généralisation mettrait en péril la société humaine ;
- article 7, « Est-il permis de voler en cas de nécessité ? » : oui, car les biens surabondants « sont dus, de droit naturel, à l'alimentation des pauvres » ;
- article 8, « Toute rapine est-elle un péché mortel ? » : oui, car la rapine comporte de la violence et que, dans la société humaine, « seule l'autorité publique donne à quelqu'un droit de contrainte » ;
- article 9, « La rapine est-elle un péché plus grave que le vol ? » : oui, car la violence dont s'accompagne la rapine « inflige une sorte de déshonneur ou d'injure à la personne ».

On peut donc dégager des réponses données par Thomas d'Aquin, **quatre principes généraux** :

- la propriété privée de biens « naturels » (objets ou animaux) est licite et l'usurpation de ces biens est illicite ;
- le vol et la rapine sont des « péchés mortels » (c'est-à-dire des péchés de la plus haute gravité dans la religion catholique) ;
- la violence est une circonstance aggravante : la rapine est donc un péché plus grave que le vol ;
- mais il est permis de voler en cas de nécessité.

DROIT DIVIN, DROIT NATUREL ET DROIT HUMAIN

La réponse de Thomas d'Aquin à l'interrogation de l'article 7 souligne d'emblée la **primauté du droit naturel et du droit divin sur le droit humain** : « Ce qui est de droit humain ne saurait déroger au droit naturel et au droit divin. » Il est important de préciser ces notions.

La loi divine, source des lois

La source unique de toutes les lois, dit Thomas d'Aquin, est celle qui régit l'ordre de l'univers : les hommes, les animaux et les choses. Il s'agit d'une **loi éternelle** qui se traduit par le fait que tout être créé agit en fonction de règles (consciemment ou inconsciemment) et en vue de certaines fins.

La loi naturelle

La loi naturelle est constituée de **l'ensemble des règles auxquelles tous les êtres se soumettent *par nature*,** c'est-à-dire celles qui s'imposent à eux non pas en raison de l'agencement général de l'univers, ni pour les besoins de la vie en société (les lois humaines), mais parce que leur nature l'impose. Elle **décline en quelque sorte la loi éternelle**, elle y participe en fonction de la nature de chaque être qui lui est soumis :

- en tant qu'**être**, l'homme veille à la conservation de son existence ;
- en tant qu'**animal**, il se reproduit, se nourrit, etc. ;
- en tant qu'**animal raisonnable**, il s'astreint à suivre les

jugements de la raison.

Les lois humaines

Les lois humaines ont pour but de **remédier à l'écart inéluctable entre les préceptes généraux de la loi naturelle et la réalité des actes particuliers des hommes**. Elles sont tributaires du contexte dans lequel elles sont promulguées, des fins du législateur, etc. Elles sont souvent provisoires et modifiables, et certaines peuvent être injustes.

DIVISION ET APPROPRIATION DES BIENS

Ce que Thomas d'Aquin appelle « biens » représente **l'ensemble des êtres d'origine minérale, végétale ou animale (hormis l'homme) mis à la disposition de l'humanité pour subsister** (se nourrir, se vêtir, créer des outils, etc.) De tels biens sont qualifiés d'**êtres inférieurs** dans la classification des êtres selon le philosophe, mais cette qualification n'est pas péjorative. Elle a une source théologique précise : Dieu a créé l'homme à son image et lui a donné le pouvoir de dominer le monde pour subvenir à ses besoins (Genèse, I, versets 26-30). L'utilisation de ce pouvoir est donc non seulement une prescription de la loi naturelle qui impose à l'homme de conserver et de préserver son être, mais aussi un commandement de la loi divine.

Or, **la loi naturelle n'impose nullement la propriété privée des biens**. La division de ces biens entre les hommes et leur appropriation résultent exclusivement des règles édictées par les lois humaines et, à ce titre, elles sont susceptibles d'évoluer sous la pression des peuples. Ainsi, entre le féodalisme et le droit positif moderne, le chemin a été long et tortueux, et le périple n'est pas encore achevé !

Mais si la loi naturelle n'impose pas la propriété privée, **elle ne l'interdit pas non plus** : dans sa réponse à l'article 2 (« Est-il licite de posséder en propre un de ces biens ? »), Thomas d'Aquin répond par l'affirmative et s'appuie pour cela sur des arguments essentiellement pratiques, en particulier sur le fait que la propriété privée permet une meilleure gestion des ressources, car l'homme a plus de soin pour ce qui lui appartient en propre que pour ce qu'il possède en commun avec d'autres hommes. Il est important de noter que Thomas d'Aquin ne met pas en cause la division et l'appropriation des biens, puisqu'il leur trouve divers avantages, et il serait totalement erroné de le considérer comme un précurseur de **Rousseau** (1712-1778), qui verra dans la propriété privée l'origine et le fondement de l'inégalité parmi les hommes, pour reprendre le titre de l'ouvrage dans lequel il développera ces idées en 1755.

Toutefois, « [la division et l'appropriation des biens], œuvre du droit humain, n'empêchent pas de **s'en servir pour subvenir aux nécessités de l'homme »**. Il s'agit bien des **nécessités des hommes qui en ont besoin**, et non de celles du propriétaire des biens pour qui cette utilisation est de droit positif et naturel. Si d'autres hommes peuvent avoir besoin des biens détenus par autrui c'est que, pour des raisons que l'auteur n'explicite pas, mais que l'histoire des hommes nous enseigne, il peut y avoir simultanément surabondance et misère.

« [Les] biens que certains possèdent en surabondance sont dus, de droit naturel, à l'alimentation des pauvres » : **puisque certains possèdent *trop* et d'autres *pas assez*, l'affectation aux pauvres des biens surabondants est une exigence du droit naturel**. Il ne s'agit nullement de charité (au sens usuel du terme), ni d'une action souhaitable qui dépend de la bonne volonté du propriétaire : il s'agit du **droit naturel des pauvres**.

Sur ce point, Thomas d'Aquin peut s'appuyer sur **les paroles radicales de saint Ambroise** (vers 340-397), paroles citées dans les *Décrets* (compilations chronologiques ou thématiques de textes pontificaux qui constituent la base du droit canonique) : « C'est le pain des affamés que tu détiens ; c'est le vêtement de ceux qui sont nus que tu renfermes ; ton argent, c'est le rachat et la délivrance des miséreux, et tu l'enfouis dans la terre. » Le choix des termes n'est pas neutre : ce qui est visé c'est ce qui est *détenu*, *renfermé* et *enfoui*, c'est-à-dire ce qui n'est pas utilisé par le propriétaire pour sa subsistance, mais conservé pour des raisons *non naturelles* (non conformes au droit naturel) comme l'égoïsme ou la cupidité. Il s'agit clairement de ce qui est surabondant.

Mais Thomas d'Aquin admet que **la gestion de la surabondance n'est pas simple** : comme il est exclu, pour des raisons évidentes, qu'il n'existe pas de fortunes privées susceptibles de venir au secours de tous les miséreux, **cette gestion doit être laissée « à l'initiative** de chacun », autrement dit **de chacun de ceux qui disposent du *surabondant***. Or, en la matière, l'initiative individuelle peut faillir et on peut être confronté à des situations urgentes.

LA NÉCESSITÉ URGENTE ET ÉVIDENTE

La nécessité urgente et évidente est celle qui se présente lorsque, par exemple, « un péril menace une personne et qu'on ne peut autrement la sauver [que par le recours aux biens que l'on rencontre] ».

Notons tout d'abord que les mots ne doivent pas être compris légèrement : il s'agit bien d'une **extrême nécessité** et non pas d'une convenance ou d'un besoin pressant. La preuve en est que si on objecte à Thomas d'Aquin que les *Décrétales* (recueils de lettres rédigées par le pape en réponse à des demandes particulières) prescrivent une pénitence à quelqu'un qui, « poussé par la faim ou le dénuement, vole des aliments, des habits ou du bétail », il répond que cette décrétale « ne vise pas le cas d'urgente nécessité » (cf. *Objections* et *Solutions* de l'article 7). Être poussé par la faim ou le dénuement ne devient une nécessité urgente que **lorsqu'une vie humaine est en jeu**.

Dans des circonstances aussi extrêmes, **la conservation de l'être devient une priorité, car elle constitue un précepte de la loi naturelle** : « Toute substance recherche la conservation de son être, selon sa nature propre. Selon cette inclination, ce qui assure la conservation humaine et tout ce qui empêche le contraire, relèvent de la loi naturelle. » (I, II, question 94, article 2).

L'USURPATION LICITE DES BIENS D'AUTRUI

Il résulte de ce qui précède que, dans un cas d'extrême nécessité, « quelqu'un peut licitement subvenir à sa propre nécessité avec le bien d'autrui, repris ouvertement ou en secret [c'est-à-dire par la rapine ou le vol] ».

Il y a, dans la citation ci-dessus et au paragraphe précédent, deux mots primordiaux pour la compréhension du texte : **le bien que l'on *rencontre* est *repris***. Cela signifie que dans le cas de nécessité évoqué plus haut, il ne s'agit pas de *prendre*, mais de se *réapproprier* un bien que l'on *rencontre*, c'est-à-dire, en quelque sorte, qui *tombe sous la main*, comme tombaient sous la main du chasseur et du cueilleur le gibier et le fruit, dans les sociétés primitives. **La nécessité extrême rend légitime**, dans des conditions strictement encadrées par le droit positif (qui n'est pas aboli**), des comportements naturels antérieurs à la division et à l'appropriation des biens, car**, comme l'a souligné saint Ambroise, **les biens surabondants appartiennent aux pauvres**, à qui ils ont été indûment soustraits ; les plus démunis peuvent donc légitimement se les réapproprier.

CONTRADICTION OU COHÉRENCE ?

Une lecture superficielle du texte pourrait laisser penser qu'il y a **une contradiction dans la question 66** :

- d'une part, Thomas d'Aquin affirme sans ambiguïté que le vol et la rapine sont des péchés graves, voire très graves (cf. articles 5, 6 et 8), et cette affirmation est soutenue par des textes sacrés ;

- d'autre part, il démontre, dans l'article 7, que le vol et la rapine peuvent dans certains cas être légitimes.

Est-ce à dire que Thomas d'Aquin crée une exception à des règles de droit divin et de droit positif, qu'il admet en quelque sorte des dérogations ?

La contradiction n'est qu'apparente, comme le montre la phrase ultime de sa réponse : « Il n'y a là ni vol ni rapine à proprement parler ». En d'autres termes, il n'y a pas de dérogation au statut du vol et de la rapine, car **il n'y a ni vol ni rapine**. La possibilité d'une dérogation à la sanction d'un délit ne peut se poser que si le délit existe et, **dans le cas d'extrême nécessité**, il n'existe pas. Le vol et la rapine sont des fautes graves, mais dans le cas d'espèce la question d'une dérogation ne se pose pas : envisager la possibilité d'une dérogation consiste à se mettre, en quelque sorte, hors sujet.

Il n'y a donc pas de contradiction, mais une **forte cohérence** dans la question 66. La difficulté pour le lecteur réside dans le fait que Thomas d'Aquin se voit obligé de traiter, dans une section qui analyse le vol et la rapine, d'un acte que l'on ne peut qualifier ni de vol ni de rapine. Il y est contraint, car au XIIIe siècle, il y a déjà eu, depuis des millénaires, une *sanctuarisation* de la propriété privée et que le langage courant a depuis longtemps assimilé l'usurpation au vol. C'est donc très logiquement, et conformément à la doxa (accord tacite nécessaire à la communication), que l'auteur traite de la question de l'usurpation légitime dans le contexte d'une réflexion sur le vol.

CONCLUSION

L'utilisation des ressources du monde (minéraux, plantes, animaux infrahumains) pour les besoins de l'homme est conforme à la loi naturelle et à la loi divine, et leur usurpation est sanctionnée par les lois humaines. À ce titre, la position de Thomas d'Aquin concernant le vol et la rapine est conforme aux textes sacrés (Bible et écrits des Pères de l'Église) et au droit positif : ces actes sont des péchés graves et des délits qui doivent être sanctionnés.

La loi naturelle n'impose ni n'interdit la propriété privée des biens ; la répartition de ces biens entre les hommes et leur appropriation résultent exclusivement des règles édictées par les lois humaines, et à certains égards, estime l'auteur, elles ont des effets bénéfiques sur leur gestion.

Toutefois, cette appropriation privée est susceptible de provoquer simultanément surabondance et misère : surabondance chez ceux qui retiennent à leur profit plus qu'il ne leur faut ; misère chez ceux à qui manque le nécessaire pour subsister. Or l'initiative individuelle, qui devrait se charger de la répartition des biens surabondants, peut faillir et ne pas convenir à des situations d'extrême urgence.

Lorsqu'un péril menace une personne et qu'on ne peut la sauver que par le recours aux biens d'autrui, la conservation de l'être devient une priorité, car elle constitue un précepte de la loi naturelle et cette priorité est d'un niveau supérieur aux règles du droit positif.

Dans de tels cas, qui sont des situations d'extrême nécessité, on doit considérer que les biens surabondants appartiennent aux miséreux et qu'il est légitime pour eux de se
les réapproprier. Il ne s'agit alors ni d'un vol ni d'une rapine,
mais d'une restitution conforme au droit naturel.

Votre avis nous intéresse !
Laissez un commentaire sur le site de votre librairie en ligne
et partagez vos coups de cœur sur les réseaux sociaux !

POUR ALLER PLUS LOIN

- COLLECTIF, *Dictionnaire des philosophes*. Nouvelle édition augmentée, Paris, Albin Michel, 2006.
- COLLECTIF, *Histoire de la philosophie*, tome 1, Paris, Gallimard, 1969.
- D'AQUIN (Thomas), *Somme théologique*, traduction d'Aimon-Marie Roguet, Paris, Éditions du Cerf, tome 3, 1985.
- GILSON (Étienne), *Le Thomisme. Introduction à la philosophie de saint Thomas d'Aquin*, Paris, Vrin, 1989.

Rendez-vous sur lepetitphilosophe.fr et découvrez :

Plus de 1200 analyses
Claires et synthétiques
Téléchargeables en 30 secondes
À imprimer chez soi

www.lepetitphilosophe.fr

ISBN version numérique : 978-2-8062-4573-1
ISBN version papier : 978-2-8062-4613-4
Dépôt légal : D/2017/12603/560

Conception numérique : Primento,
le partenaire numérique des éditeurs.

Made in the USA
Monee, IL
07 July 2026